_____ 님께

새 아침이 밝았습니다.

오늘 하루 무탈하기를,
마음 푸근한 하루가 되기를…

오늘 하루도
평온한 일상이 이어지기를,
소중한 사람들과 따스한 온기를
나눌 수 있기를 소망합니다.

오늘 하루
그리고 365일,
늘 건강하고 행복하시기 바랍니다.

_____ 드림

꽃이 되는 사람, 독이 되는 사람

얼마 전, 영국 기네스 월드 레코드가
세계 최고령 타이틀을 이어받은 인물을 공개했다.
115세 마리아 브라냐스 모레라 할머니가 그 주인공이다.
현재 스페인의 한 요양원에서 생활하는 모레라는
딸의 도움으로 수천 명의 팬과 트위터로 소통하고 있다.

최근 언론과의 인터뷰에서
그녀가 밝힌 장수비결이 또 한 번 화제가 됐다.
그녀는 '규칙적인 생활'과 '좋은 인간관계',
'자연과의 교감을 통한 정서적 안정'이 중요하다고 말하면서,
'독 같은 사람은 꼭 멀리해야 한다.'는
특별한 당부를 덧붙였다.

인간관계에도 미니멀리즘 minimalism이 필요하다.
나이가 들어갈수록
단순하고 명쾌한 삶이 편안하게 다가온다.
인생에서 화려했던 청춘 시절이 지나갔다면
이제는 자신의 에너지에 맞는
새로운 인간관계를 만들어야 할 때다.
단지 오래된 인연이라는 이유로 불편하고 힘든 관계인데도
차마 떨쳐버리지 못하고 있다면
그건 아마도 '착한 사람 콤플렉스'일 가능성이 크다.
어차피 세상 모든 사람에게 좋은 사람이 될 수는 없다.
아직 그럴 만큼의 에너지가 남아 있다면
이제는 자신을 돌봐야 한다.
관계와 만남은 내 의지대로 되는 것이 아니다.
꽃처럼 아름답고 향기로운 사람만 만나기에도 인생은 짧다.
가능하면 꽃 같은 사람을 가까이하고,
스스로 누군가에게 한 송이 꽃이 되는,
그런 삶을 살아야 한다.

잡초를 없애는 비결

거대한 농장을 경영하는 부자가
두 아들에게 똑같은 크기의 땅을 나눠주면서
솔깃한 제안을 했다.
"이 땅을 잡초 하나 없이 잘 가꿔보아라.
다른 사람의 도움 없이 너희 힘으로만 가꿔야 한다.
둘 중에 더 잘 가꾼 사람에게 내 농장을 물려주마."

그 땅은 오랫동안 버려져 잡초가 무성했다.
두 아들은 날마다 잡초를 뽑고 관리했지만
잡초의 번식력을 따라잡기 어려웠다.

몇 달 후, 부자는 아들 둘을 앞세우고 밭으로 향했다.
큰아들의 밭은 키 큰 잡초들이 사라지고

잘 정리되어 있었지만
여기저기 새롭게 자라난 잡초들이 보였다.
둘째 아들의 밭은 곡식이 풍성하게 자라고 있었고,
잡초는 어디에도 보이지 않았다.
큰아들이 매일 밭에 나가 잡초를 뽑을 때
작은아들은 잡초를 뽑아낸 자리에 씨앗을 뿌리고
정성껏 가꿨다.
부자는 둘째 아들에게 농장 전체의 경영권을 넘겨주었다.

잡초를 없애는 최고의 비결은
잡초를 뽑아낸 빈자리에 곡식을 심고 가꾸는 일이다.
마음 가꾸기도 밭을 가꾸는 일과 같다.
잡초처럼 번지는 잡다한 상념과 부정적인 생각을 떨쳐내고
건강한 마음을 유지하려면 무언가를
끊임없이 시도해야 한다.
명상과 산책, 긍정적인 생각이 마음의 잡초를 뽑는 행위라면
실행과 도전은
마음 밭에 곡식의 씨앗을 파종하고 가꾸는 일이다.

The game of life is a game of boomerangs.
Our thoughts, deeds and words return to us
sooner or later with astounding accuracy.

- Florence Scovel shinn

삶은 부메랑이다.
우리들의 생각, 말, 행동은
언제가 될지 모르지만, 반드시 되돌아온다.
그리고 정확하게 우리 자신을 명중시킨다.

- 플로랑스 스코벨 쉰 _ 미국의 작가, 북 일러스트레이터

좋은 약은 입에 쓰다

커피 원두 소매점이었던 스타벅스를
세계적인 카페 브랜드로 만들어낸 하워드 슐츠.
그에게는 커피에 대한 자신만의 고집이 있었다.
'커피에 화학적인 맛은 가미하지 않는다.'
'커피콩을 절대 플라스틱 통에 담지 않는다.' 등등.

어느 날, 회의에서
한 직원이 커피에 얼음을 넣어 판매하자는 의견을 내놓았다.
두말할 것 없이 슐츠는 강하게 반대했다.
그때 공동 경영자인 하워드 베하르가 한마디 했다.
"고객이 원한다면 무엇이든 해야지."

슐츠는 고민 끝에 그 의견을 받아들였다.

그렇게 탄생한 것이 '프라푸치노'다.
결과는 놀라웠다.
'프라푸치노'는 그 해에만 5,200만 달러의 실적을 올리면서
대 히트 상품이 되었다.

누구에게나 하나쯤,
끝까지 타협할 수 없는 자신만의 원칙과 고집이 있다.
하지만 원칙과 고집에도 적당한 유연성이 있어야 한다.
몸에 좋은 약은 입에 쓰다고 했다.
때로는 듣기 싫고 쓰디쓴 말이 인생을 바꿔놓기도 한다.

청소에는 힘이 있다

한 소년이 1천 킬로미터를 걸어서 햄프턴에 도착했다.
무려 50일이 걸린 험난한 여정이었지만
소년은 포기하지 않았다.
흑인을 위한 무료학교에 입학하기 위해서였다.
입학은 쉽게 허락되지 않았다.
소년에게는 추천서가 없었기 때문이었다.
학교 측에서는 담당자들을 불러 모아 이 문제를 논의했다.

회의는 예상보다 길어졌다.
결과를 기다리며 빈 교실에 무료하게 앉아 있던 소년의 눈에
구석구석 지저분한 것이 보였다.
소년은 벌떡 일어나 청소를 시작했다.
바닥을 쓸고 물걸레질을 하고 유리창도 깨끗이 닦았다.

그때 누군가가 소년을 지켜보고 있었다.
그 학교의 교장 선생님이었다.
교장 선생님은 그 자리에서 입학을 허락했다.

훗날 그 소년은 흑인을 위한 대학을 세우고,
흑인 교육에 일생을 바친 교육자가 된다.
그가 바로 부커 워싱턴이다.
위대한 교육자 부커 워싱턴을 만든 첫걸음은
바로 청소였다.

청소에는 특별한 힘이 있다.
청소를 시작하면 환경이 바뀌고,
환경이 바뀌면 삶이 바뀌고,
삶이 바뀌면 인생이 달라진다.

Even a man who is unmoved by praise can be moved by a person who listens to him intently.

- Jack Woodford

칭찬에 흔들리지 않는 사람도

자신의 이야기를 열심히 들어주는 사람에게는

마음이 흔들린다.

- 잭 우드포드 _ 미국의 작가

침묵은 힘이 세다

마하트마 간디는
매주 월요일마다 묵언 수행을 했다고 한다.
다른 사람에게 말을 걸지도 않았고,
다른 사람의 말을 듣지도 않았다.
매일 사람들이 그를 만나기 위해 줄을 섰지만
월요일만큼은 물레를 돌리거나 책을 읽으며
자신을 돌아보는 시간을 가졌다.
사람에 휘둘리고 말에 현혹되다 보면
자신만의 길을 지킬 수 없다고 여긴 것이다.

44대 미국 대통령을 역임한 버락 오바마는
애리조나 총기 난사 사건 희생자를 위한 추모식에서
연설 도중 51초간의 침묵으로

그 어떤 연설보다 진한 감동을 안겨주었다.

때로는 침묵이 말보다 더 큰 힘을 발휘한다.

"시간을 잘 맞춘 침묵은 말보다도 좋은 웅변이다."
캐나다 총리를 지낸 찰스 터퍼의 말이다.

『이방인』의 작가 알베르 까뮈는 이런 말을 남겼다.
"인간은 그가 말하는 것에 의해서가 아니라
침묵하는 것에 의해 더 인간다워진다."

침묵이 어려운 건,
침묵하는 동안 난무하는 온갖 비난과 오해를
이겨내야 하기 때문이다.

100% 성공의 비결

멕시코 중서부 시에라 협곡에는
타라후마라 부족이 산다.
그랜드케니언처럼 험준한 협곡에 사는 그들은,
달리기를 잘하는 부족으로 유명하다.

그들에게 달리기는 절박한 생존방식이다.
험준한 지형에 사는 까닭에
사냥으로 먹고살아야 하는 그들은
한번 정한 사냥감은 절대 놓치는 법이 없다고 한다.

한번 사냥감을 목표로 정하면
다른 동물이 눈앞에 나타나도 목표를 바꾸지 않고
끝까지 쫓아가서 반드시 잡고야 만 것이다.
포기하지 않고 끝까지 가는 것,
그것이 100% 성공률을 자랑하는
타라후마라 부족의 사냥 비결이다.

While people often say that time change

everything,

actually changing me is myself not time.

- Andy Warhol

사람들은 흔히

시간이 모든 것을 바꾸어준다고 말하지만,

실제로 자기를 변화시키는 것은

시간이 아니라 자기 자신이다.

- 앤디 워홀 _ 미국의 미술가, 영화제작자

진짜 친구, 가짜 친구

두 친구가 길을 가다가
길가에 떨어져 있는 금붙이를 발견했다.
한 친구가 먼저 금붙이를 집어 들며 소리쳤다.
"와! 금덩이다. 이거 봐, 내가 금덩이를 주웠다고."

그러자 다른 친구가 이렇게 말했다.
"무슨 소리야? 우리가 함께 주운 거지."

두 친구가 금덩이를 놓고 옥신각신하는 사이에
한 사람이 다가왔다.
그는 자신이 금붙이의 주인이라며
다짜고짜 금덩이를 들고 있는 친구를
도둑으로 취급했다.

금덩이를 들고 있던 친구는 옆 친구를 바라보며
난감한 표정으로 말했다.
"졸지에 우리가 도둑으로 몰리게 생겼네. 어떡하지?"

그러자 옆 친구가 정색하며 말했다.
"우리라니, 그렇게 말하면 안 되지. 자네가 주운 거잖아."

어려운 일을 당해 봐야 친구의 진가를 알 수 있다.
좋은 상황에서는 함께하다가
난처한 상황이 닥치면 돌변하는 친구가 있다.
그는 결코 좋은 친구가 아니다.

빨간 자선냄비

1891년,
미국 샌프란시스코 럭키 해안에서
여객선 한 척이 난파했다.
생존자들은 모두 난민 신세가 되었지만
당국에서는 손을 쓸 엄두도 내지 못했다.
도시 빈민들이 넘쳐나던 지역에 난민들까지 겹치면서
한꺼번에 천여 명의 사람들을 돌봐야 했기 때문이다.

그 때 구세군 사관 조셉 맥피 정위는 기발한 생각을 떠올렸다.
그는 오클랜드 부두로 나아가
주방에서 사용하던 큰 무쇠솥을 거리에 내걸고는
그 위에 이렇게 써 붙였다.
"이 국솥을 끓게 합시다."

그것을 보고 많은 이들이 온정의 손길을 내밀었고,
그 덕분에 모두가 따뜻한 성탄절을 보낼 수 있었다.
그렇게 시작된 구세군 자선냄비는
지금은 전 세계 120여 개 나라로 전파되었다.

좋은 생각, 온정이 넘치는 행동은
사람들의 관심과 마음을 끌어모은다.

Live up to the way you think,

or you'll end up thinking the way you live.

- Paul Vaiery

생각하는 대로 살아야 한다.

그렇지 않으면

사는 대로 생각하게 될 것이다.

- 폴 발레리 _ 프랑스의 시인, 비평가

# 최고의 경쟁력

인류 최초의 유인 우주선,
러시아의 보스토크 1호 승무원 선발에
가가린과 치토프 두 사람이 최종심에 올랐다.

심사를 맡은 스태프들은 치토프를 최종 선발했다.
치토프의 체중이 2kg 더 가볍다는 이유였다.
하지만 총 책임자인 세르게이 코롤료프 박사는
스태프들의 의견을 뒤집고 가가린을 선택했다.
이유는 단 하나였다.
"가가린은 웃는 얼굴이 너무 좋아!"

코롤료프 박사는 잘 웃는 사람은
그렇지 않은 사람보다 마음이 안정되어 있다고 믿었고,

그것이 우주인에게 가장 필요한 조건이라고 본 것이다.

언제 어디서나 웃는 얼굴은 최고의 경쟁력이 되어 준다.

"웃는 얼굴은 1달러의 자본도 들지 않지만
100만 달러 이상의 가치를 낳는다."
데일 카네기의 말이다.

오늘 하루를 시작하기 전에
잠시 거울 앞에 서서 인생 최고의 경쟁력을 장착해 보자.

오늘을 즐겁게 살아야

스코틀랜드에서
가난한 직조공의 아들로 태어난 철강왕 카네기.
그는 12살에 부모를 따라 미국으로 건너와서
한동안 방적 공장에서 일을 했다.
그다지 흥미로운 일은 아니었지만
카네기는 마음가짐부터 달랐다.

'어차피 방적 공장에서 일하게 된 이상
세계 최고의 실 감기 달인이 될 거야.'

우편배달부로 근무할 때에는
자신이 맡은 지역의 번지와 건물을 모두 외워버렸다.
그 후 전신기사로 일했고, 철도 회사를 다니다가

마침내 사업가의 길을 걷게 된다.

"재미있는 척을 하면 정말 그 일이 재미있어진다.
피로도 덜하고 긴장도 풀리고 걱정도 사라진다."
데일 카네기의 말이다.

To live is that you always live the moment.
There is no life outside this moment.
Embrace tightly light and shade, the ground
and
smell of wood and the people in them.
If you don't embrace tightly this moment,
you don't live properly your life.

- Jean Grenier

산다는 것은 언제나 지금 이 순간을 사는 것이다.
이 순간 밖에서의 삶은 없다.

지금 이 순간의 빛과 그늘, 땅과 나무 냄새,
그 안에 함께 있는 사람들을 충만하게 끌어안아라.
지금 이 순간을 꽉 끌어안지 않는다면
어떤 삶도 제대로 사는 것이 아니다.

- 장 그르니에 _ 프랑스의 소설가, 철학자

행복의 비결

한 소녀가 가시덤불에 걸린 나비를 발견하고
가시덤불을 헤집고 들어가 나비를 구해주었다.
나비는 목숨을 구해준 소녀에게 고맙다는 인사와 함께
소원 한 가지를 말하면 들어주겠다고 했다.

그 말에 소녀는 이렇게 대답했다.
"음, 내 소원은 평생 행복하게 살고 싶은 거야."
그러자 나비는 소녀의 귀에 대고
행복하게 살 수 있는 비결을 알려주었다.

소녀는 성장해서 어른이 되었고,
아이들의 엄마가 되었으며, 백발의 할머니가 되기까지
행복한 나날을 보내고 있었다.

사람들이 그녀에게 물었다.
"어떻게 하면 할머니처럼 늘 행복하게 살 수 있나요?"
그 질문에 할머니가 된 소녀는 이렇게 말했다.
"이 세상에는 당신의 도움이 필요한 사람들이 많습니다.
그 사람들에게 당신의 손을 내밀어 주세요.
그것이 당신의 삶을 행복하게 만드는 비결입니다."

내가 따뜻한 시선으로 세상을 바라볼 때
세상은 온화하고 살 맛 나는 세상이 되고,
내가 누군가에게 한 손을 내밀어 줄 때
세상은 두 팔 벌려 나를 안아준다.

우리에겐 아직 내일이 있다

작가를 꿈꾸던 열일곱 살 소년이 있었다.
가난한 유대인 가정에서 태어난 그는
약국 배달원으로 일했지만
도무지 희망이 보이지 않았다.

어느 날, 자살을 결심한 그는
약국에서 수면제를 훔쳤지만
아버지에게 들키면서 실패하고 만다.
아버지가 그를 붙잡고 물었다.
"아들아, 넌 작가가 되는 게 꿈이었잖아.
그런데 왜 포기하려는 거지?"
소년은 힘없이 대답했다.
"그건 어제까지의 얘기였죠."

"그럼 내일은? 내일 무슨 일이 일어날지는 아무도 모른단다.
인생이란 책은 마지막 페이지를 넘기기 전까지는
알 수 없는 거야.
네 인생의 한 페이지 한 페이지는
네가 직접 써 가는 거란 걸 잊지 마라."
그 한 마디에 소년은 마음을 고쳐먹었다.

그 후, 그는 6편의 희곡과 200편의 드라마 대본,
25편의 시나리오와 18편의 소설을 집필하며
에미상, 오스카상을 휩쓴 세계적인 작가가 된다.
그의 이름은 시드니 셸던이다.
그는 인생의 마지막 페이지까지 넘겨보라던
아버지의 조언을 평생 가슴에 새겼다.

내일 우리에게 어떤 인생이 펼쳐질지는 아무도 모른다.
지금 포기하면 내일은 영원히 알 수 없는 시간이 되고 만다.

Never cut a tree down in the wintertime.
Never make a negative decision in the low time.
Never make your most important decisions
when you are in your worst moods.
Wait. Be patient. The storm will pass.
The spring will come.

- Robert Harold Schuller

겨울철에는 절대 나무를 자르지 말라.
힘겨운 상황에 처했을 때
부정적인 결정을 내리지 말라.
침울할 때 중요한 결정을 내리지 말라.
기다려라. 인내하라. 폭풍은 지나갈 것이다.
그리고 봄이 올 것이다.

- 로버트 슐러 _ 미국의 선교사, 목사

아무것도 하지 않으면

음악을 좋아하는 열여덟 살 청년이 있었다.
열한 살 때부터 기타를 쳤고,
고등학교를 졸업하고 트럭운전사를 하다가
자신이 원하는 음악의 길로 뛰어들었다.
그는 세상에 없는 자신만의 노래를 부르고 싶었다.

어느 날, 어머니께 바치는 생일 선물로,
4달러만 내면 음반을 제작해주는 스튜디오에서
두 곡의 자작곡을 녹음했다.
흑인 창법으로 노래한 그 음반이
우연히 한 프로듀서의 눈에 띠면서
그는 정식으로 계약을 하고 가수로 데뷔한다.

스물한 살이 되던 해에,
그의 노래 '하트브레이크 호텔 Heartbreak Hotel'이
공전의 히트를 기록하며 빌보드 차트 1위까지 차지했다.
하지만 모두가 그의 음악에 찬사를 보낸 것은 아니었다.
젊은 세대들은 그의 노래에 열광했지만
기성세대들은 그의 보컬 스타일과 특유의 퍼포먼스에
격렬한 비판을 쏟아내기도 했다.
그는 비판에 굴하지 않고 자신만의 길을 묵묵히 걸어갔고,
마침내 만인의 사랑을 받는 세계적인 가수가 된다.
그가 바로 '로큰롤의 황제' 엘비스 프레슬리다.
마흔두 살의 나이에 세상을 떠날 때까지
그의 노래 149곡이 빌보드 차트 100위 안에 들었고,
대망의 1위에 오른 곡도 무려 18개나 되었다.

그는 말했다.
"비판받고 싶지 않다면 아무것도 하지 말고,
아무 말도 하지 않으면 된다.
그러나 그것은 죽은 것이나 마찬가지다."

아무것도 하지 않으면 아무 일도 일어나지 않는다.

세 가지 방문

성공한 사람들은 공통적으로
'세 가지 방문'을 잘하는 사람들이라고 한다.
'입의 방문', '손의 방문', '발의 방문'이 그것이다.

입의 방문은
부드러운 말로 주위 사람을 칭찬하고 용기를 주는 것이고,
손의 방문은
편지를 써서 사랑하는 마음을 전달하는 것이며,
발의 방문은
상대방이 힘들고 어려울 때 망설이지 않고 찾아가는 것이다.

카네기공대 졸업생들을 대상으로 한 추적 조사에서
재미있는 결과가 나왔다.

사회적으로 성공을 인정받고 있는 졸업생들은
"성공하는 데 전문적인 지식은 고작
15% 정도밖에 영향을 주지 않았고,
85%는 대부분 인간관계가 좌우한다."고 답했다.

세상살이에서 홀로 이루는 성공은 없다.
모두 타인과의 관계 속에서 만들어진 것들이다.

In spite of the shortest way,

if you don't go, you cannot reach there.

In spite of the easiest thing,

if you don't do, you cannot achieve it.

- Hong jasung

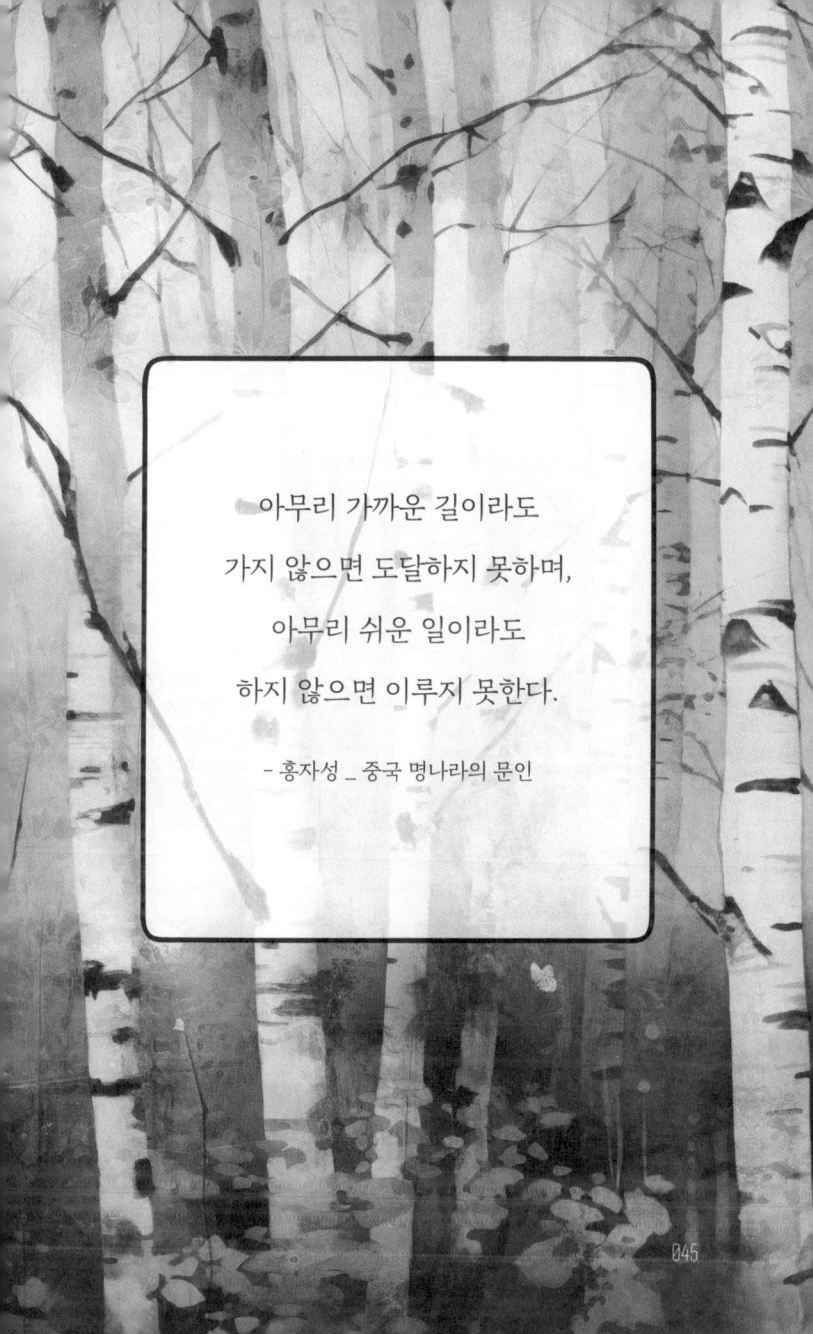

아무리 가까운 길이라도
가지 않으면 도달하지 못하며,
아무리 쉬운 일이라도
하지 않으면 이루지 못한다.

- 홍자성 _ 중국 명나라의 문인

아무리 빨라도 늦은 것

치매가 시작된 아흔 살 노인이
예순을 넘긴 아들과 함께 툇마루에 앉아 있었다.
그때 까마귀 한 마리가 날아와 돌담 위에 앉았다.
그것을 본 노인이 아들에게 물었다.
"저게 뭐지?"
"예, 까치가 날아왔네요."
그런데 3분도 지나지 않아서 노인이 다시 물었다.
"저게 뭐야?"
그러자 아들은 답답하다는 듯 퉁명스럽게 대답했다.
"까치라고요. 조금 전에 말씀드렸잖아요."
노인은 세 번, 네 번 계속해서 똑같은 질문을 해댔다.
그러자 아들은 버럭 소리를 질렀다.
"아버지, 제가 몇 번이나 까치라고 말씀드렸잖아요.

저건 까치라고요, 까치."
노인은 꾸중을 들은 아이처럼 시무룩해졌다.
몇 개월 후 노인은 세상을 등지고 말았다.
유품을 정리하다가 낡은 일기장을 발견한 아들은
한참 동안 일기장을 뒤적여보다가
마침내 뜨거운 눈물을 쏟고 만다.
펼쳐진 일기장에는 이런 내용이 쓰여 있었다.

세 살 된 아들과 툇마루에 앉아 있는데
돌담에 까치 한 마리가 날아와 앉았다.
아들은 저게 뭐냐고 스무 번이 넘도록 묻고 또 물었다.
그때마다 나는 똑같은 대답을 들려주었다.
"응, 저건 까치야. 까치가 날아오면 좋은 일이 생긴단다."
어린 아들이 같은 걸 묻고 또 묻는 모습이
너무 사랑스럽고, 그 순간이 마냥 행복하기만 했다.
'아들, 내게로 와줘서 고맙다. 사랑해!'

지나고 나면 마냥 애달픈 것이
부모님께 못다 한 효도다.
한번 지나간 시간은 돌이킬 수 없기 때문이다.

세상에서 가장 행복한 사람은?

세상에서 가장 행복한 사람은 어떤 사람일까?
돈이 많은 부자일까?
권력을 가진 정치가일까?
아니면 사람들에게 웃음을 주는 코미디언일까?

이 질문에 대한 대답이 『탈무드』에 적혀 있다.

"세상에서 가장 강한 사람은 자신을 이기는 사람이고,
세상에서 가장 부유한 사람은 만족할 줄 아는 사람이며,
세사에서 가장 지혜로운 사람은 항상 배우는 사람이고,
세상에서 가장 행복한 사람은 늘 감사하며 사는 사람이다."

감사하는 마음이 행복의 씨앗이다.

"내 인생에서 행복하지 않은 날은 하루도 없었다."
평생 앞을 보지 못하고 말도 할 수 없었던
헬렌 켈러의 말이다.

그런가 하면,
프랑스 최고의 권력자였던 나폴레옹은 이렇게 말했다.
"내 기억 속에서 행복한 날은 엿새를 넘지 않는다."

긍정의 생각이 감사를 낳고,
감사하는 마음이 기적을 만든다.

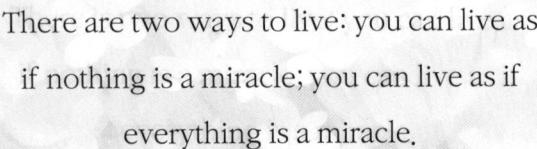

There are two ways to live: you can live as if nothing is a miracle; you can live as if everything is a miracle.

- Einstein

세상을 보는 방법은 두 가지가 있다.
하나는 아무것도 기적으로 보지 않는 것이고,
하나는 모든 것을 기적으로 보는 것이다.

- 아인슈타인 _ 독일 태생의 물리학자

왕이 가져야 할 최고의 덕목

자식이 없어서 후계자를 정하지 못한 왕이 있었다.
왕은 자신의 몸이 날로 쇠약해지는 것을 느끼고
왕국의 젊은이 중에서 후계자를 찾기로 마음먹었다.

그 소식을 듣고 젊은이들이 왕궁으로 몰려들었다.
왕은 그들에게 각각 씨앗 하나씩을 나눠주고
씨앗을 가장 잘 가꾼 사람에게 왕좌를 물려주겠다는
파격적인 선언을 했다.

일 년 후, 왕궁에 젊은이들이 다시 모였다.
젊은이들은 다양하고 화려한 화분을 가슴에 안고 있었다.
그 중에 한 소년만이 빈 화분을 들고 있었다.
소년은 화분에 좋은 흙을 담고 씨앗을 심고,

매일같이 물을 주며 정성껏 돌봤지만
아무 일도 일어나지 않았다.
소년은 자신이 왕이 하사한 씨앗을 죽였다고 생각했다.
마침내 왕이 나타났고,
젊은이들의 화분을 하나하나 살펴보기 시작했다.
제자리로 돌아온 왕은 구석에 선 소년을 지목하고 물었다.
"너의 이름이 무엇이냐?"
"제 이름은 링입니다."
그러자 왕은 그를 앞으로 불러내고 큰 목소리로 말했다.
"여기 너희들의 다음 황제가 있다. 그의 이름은 링이다."
그 자리에 있던 모든 이들이 놀라워하며 웅성거렸다.
왕은 좌중을 둘러보며 말을 이었다.
"1년 전 내가 그대들에게 나눠준 씨앗은
전부 삶은 것들로 싹을 틔울 수 없는 죽은 씨앗이었다.
오직 링만이 솔직하게 빈 화분을 들고 왔다.
그 정직함과 용기가 황제가 가져야 할 최고의 덕목이다."

정직함은 인생 최고의 덕목이다.
하지만 그것을 지키는 데에는 큰 용기가 필요하다.

꿈은 이루어진다

1883년, 엔지니어 존 로블링은
뉴욕 이스트 강 동쪽 브루클린과
맨해튼의 남단을 연결하는 다리를 만들겠다는
꿈에 사로잡혔다.
전 세계의 명망 있는 건축가와 교량 전문가들은
실현 불가능하고 시간만 낭비하는 일이라고 비아냥거렸다.
하지만 존 로블링은 꿈을 포기하지 않고
전도유망한 엔지니어인 아들 워싱턴과 꿈을 공유했다.

두 사람은 틈만 나면 머리를 맞대고
다리를 설계하고 건설하는 방법에 대해 논의를 거듭했고,
마침내 직원을 고용하고 착공에 돌입했다.
그러나 착공에 들어간 지 몇 개월 뒤,

공사 현장에서 예기치 못한 사고가 발생했다.
그 사고로 존 로블링은 목숨을 잃었고,
아들 워싱턴은 뇌를 크게 다치고 말았다.
워싱턴은 걷지도 못하고 말도 할 수 없었고
겨우 손가락 정도만 움직일 수 있었지만,
그는 손가락으로 소통하는 방법을 찾아내고
아내를 통해 현장에 지시사항을 전달하는 방식으로
공사를 재개했다.
그렇게 13년의 세월이 흐르고 마침내 다리가 완공되었다.
그 다리가 바로 브루클린 다리다.

모두가 미친 짓이라고 손가락질할 때도
꿈을 포기하지 않았던 존 로블링과
그런 아버지를 잃고 자신도 불구의 몸이 되었지만
끝까지 포기하지 않았던 아들 워싱턴이 이뤄낸 기적이었다.

뉴욕의 대표적인 상징이 된 브루클린 다리는
포기하지 않는다면
꿈은 반드시 이루어진다는 것을 증명하고 있다.

A firefly never loses her light even in the storm because the light is within her.

- Swami Veda Bharati

반딧불이는 폭풍이 몰아쳐도 결코 빛을 잃지 않는다.
빛이 자기 안에 있기 때문이다.

- 스와미 웨다 바라티 _ 인도의 명상가

우유 한 잔의 가치

존스홉킨스대학의 공동 설립자이자
저명한 내과 의사인 하워드 켈리 박사는
어린 시절, 학교에 갈 차비가 없어서
방과 후에 이집 저집 찾아다니며 물건을 팔아야 했다.
그러던 어느 날, 유난히 배가 고팠던 하워드 슐츠는
염치불구하고 어느 집 현관문을 두드렸다.
요깃거리라도 청할 생각이었다.

한 소녀가 문을 열고 나왔다.
당황한 그는 차마 음식 얘기를 꺼내지 못하고
물 한 잔만 마시게 해달라고 부탁했다.
다행히 그가 허기진 상태임을 눈치챈 소녀는
물 대신 우유 한 컵을 내왔다.

하워드 켈리는 단숨에 우유 한 컵을 들이켜고 인사를 했다.
"정말 감사합니다. 이 은혜는 잊지 않고 꼭 갚겠습니다."

세월이 흘러 소녀도 하워드 켈리도 어느덧 중년이 되었다.
그런데 안타까운 일이 발생했다.
중년이 된 소녀가 중병에 걸리고 만 것이다.
의사들은 난치병이라며 큰 병원으로 가보라고 권했다.
그렇게 찾아간 큰 병원에 하워드 켈리 박사가 있었다.
그녀는 박사를 알아보지 못했지만
박사는 진료 기록지에 적힌 정보를 보고
금방 그녀를 알아보았다.
몇 달 후, 박사의 노력으로 그녀의 병은 완치되었다.
마침내 퇴원하는 날이 찾아왔고
그녀는 병원비 청구서를 받아들었다.
그런데 청구서 여백에 의문의 글이 적혀 있었다.
'우유 한 잔으로 병원비 완납됨. 하워드 켈리.'.

어린 시절 베풀었던 우유 한 잔의 친절이
자신의 생명을 구한 사연을 알게 된 소녀는
기쁨과 감사의 눈물을 흘렸다.

뿌린 대로 거둔다

3대가 함께 사는 가족이 있었는데
고부 갈등이 심했다.
하지만 세월 앞에 장사 없다고,
기세등등하던 시어머니도 나이가 들면서
급격하게 쇠약해졌다.
식사 때마다 숟가락을 놓치고 밥을 흘리는 일이 많았고,
국을 쏟고 그릇까지 깨뜨리는 일도 빈번해졌다.
그때마다 며느리는 시어머니를 구박했다.
그러던 어느 날,
며느리의 눈에 구석에서 밥을 먹고 있는
고양이의 모습이 보였다.
고양이 밥그릇은 나무로 되어 있어서
바닥에 떨어뜨려도 깨지거나 찌그러들지도 않았다.

며느리는 고양이 밥그릇에 시어머니의 밥을 담아 드리고
국그릇도 나무 그릇으로 바꾸었다.
남편도 좋은 생각을 해냈다고 아내를 칭찬했다.

하루는 부부가 외출했다가 돌아왔는데
집안이 엉망이었다.
초등학생인 아들이 친구와 함께
통나무를 구해와서 속을 파내고 있었다.
화가 난 며느리가 아들에게 물었다.
"지금 뭐 하는 거야? 집안 꼴이 난장판이잖아."
그러자 아들이 대답했습니다.
"지금 나무로 밥그릇을 만드는 중이에요.
엄마 아빠가 할머니처럼 늙었을 때 쓸려고요."
어린 아들의 한마디에 부부는 충격을 받았고
지금까지 자신들이 무슨 짓을 했는지 깨닫게 되었다.

부모는 아이들에게 최고의 스승이다.
아이들은 부모의 행동과 말투를 배우며 자란다.

There is a miracle somewhere in the morning. A new day, a new challenge, and the opportunity to start afresh bring great joy.

- joseph priestley

저 밝아오는 아침 어딘가에 기적이 숨어 있다.
새로운 하루, 새로운 시도, 또 한 번의 출발이야말로
얼마나 큰 기쁨인가!

-조지프 프리스틀리 _ 영국의 신학자, 철학자

오늘 하루

엮은이 곽동언
펴낸이 우지형

인쇄 하정문화사
제본 영글문화사
후가공 (주)금성엘엔에스
디자인 redkoplus

펴낸곳 나무한그루
주소 경기도 김포시 월곶면 애기봉로456번길 64-43, (주)메이벤 마동 2층
전화 (031)986-9028 **팩스** (031)986-9038
이메일 namuhanguru@empas.com
출판등록 제313-2004-000156호

ISBN 978-89-91824-70-6 02810
값 5,000원